WUNDERRAUM
Lesen ist ankommen.

M. H. Clark

Weil ich
dich lieb
hab,
Mama

*Aus dem Englischen von
Sabine Hübner*

Mit Illustrationen von Cécile Metzger

WUNDERRAUM

Ich mag dich so gern,
mag die Art, wie du lachst,
überhaupt wie du bist
und was du so machst.

Es gibt so viel zu sagen,
wo beginne ich bloß?
Nun, vielleicht mit dem Herzen –
denn dein Herz ist so groß …

... und ich hab schon in frühester
Kindheit gespürt,
dass es Liebe ist,
die dich durchs Leben führt.

Ob Arbeit, ob Pflichten,
was immer es sei,
stets warst du mit Liebe
im Herzen dabei.

Sobald ich dich brauchte,
egal was geschah,
frühmorgens, spätabends –
du warst für mich da.

Du hast mir die glücklichste
Kindheit beschert,
so rundum geborgen
und unbeschwert.

Du hast meine Welt
mit Liebe umhüllt,
sie für immer mit
deinem Leuchten erfüllt.

Ich bin dir so dankbar
für jene Zeit,
für all deine Güte
und Herzlichkeit.

Stets hast du dir Sorgen
um *mich* gemacht
und wohl nur ganz selten
an *dich* gedacht.

So vieles im Leben hab ich
deshalb geschafft,
weil du an mich glaubtest –
das schenkte mir Kraft!

Und manches von dem,
was mich heute noch trägt,
ist ganz entscheidend
durch dich geprägt.

Du hast mir gezeigt,
was dem Menschen gelingt,
wenn im Denken und Handeln
stets Liebe mitschwingt.

Dein Beispiel und Vorbild
von Kindheit an,
bedeuten mir mehr,
als ich sagen kann.

Das Gute, das mir
widerfahren ist,
hab ich dir zu verdanken,
weil du bist, wie du bist.

Ich hab dich so lieb
und ich bin dir so nah:
Hab Dank für alles,
meine liebste Mama!

Die englische Originalausgabe erschien 2024 unter dem Titel
»More Than A Little – Mom« bei Compendium Inc.

Der Verlag behält sich die Verwertung der urheberrechtlich
geschützten Inhalte dieses Werkes für Zwecke des Text- und
Dataminings nach § 44 b UrhG ausdrücklich vor.
Jegliche unbefugte Nutzung ist hiermit ausgeschlossen.

Penguin Random House Verlagsgruppe GmbH FSC® N001967

Wunderraum-Bücher erscheinen im
Wilhelm Goldmann Verlag, München,
einem Unternehmen der Penguin Random House Verlagsgruppe GmbH.

1. Auflage
Deutsche Erstveröffentlichung April 2025
Copyright © 2024 Compendium Inc.
Text by M. H. Clark, Illustrations by Cécile Metzger
This edition is published under license of Compendium, Inc. (USA). All rights reserved.
Copyright © dieser Ausgabe 2025
by Wilhelm Goldmann Verlag, München,
in der Penguin Random House Verlagsgruppe GmbH,
Neumarkter Str. 28, 81673 München
Umschlaggestaltung: buxdesign GbR, München
Umschlagillustration: Cécile Metzger
Satz: Buch-Werkstatt GmbH, Bad Aibling
Druck und Bindung: Alföldi Nyomda Zrt., Debrecen
Printed in Hungary
ISBN 978-3-442-31788-2

www.wunderraum-verlag.de

Auf Wiedersehen im
WUNDERRAUM

www.wunderraum-verlag.de